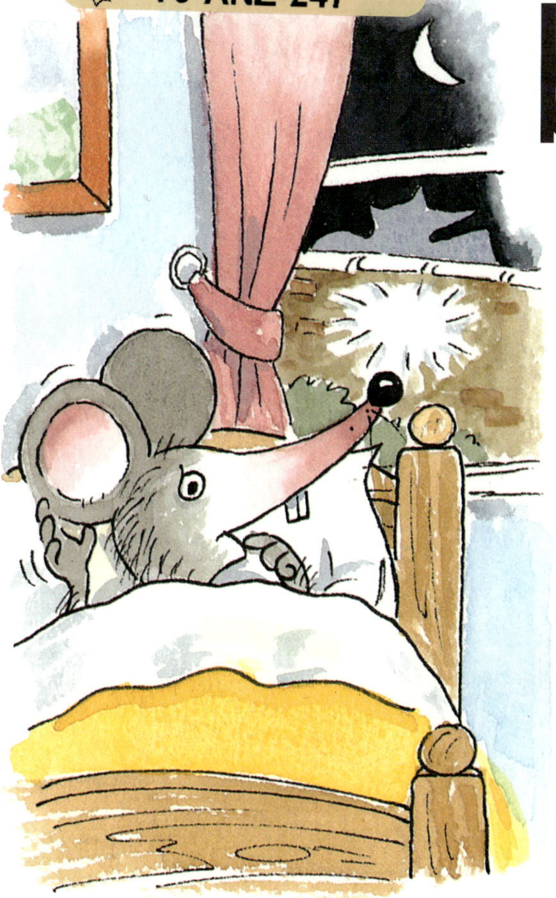

b

I

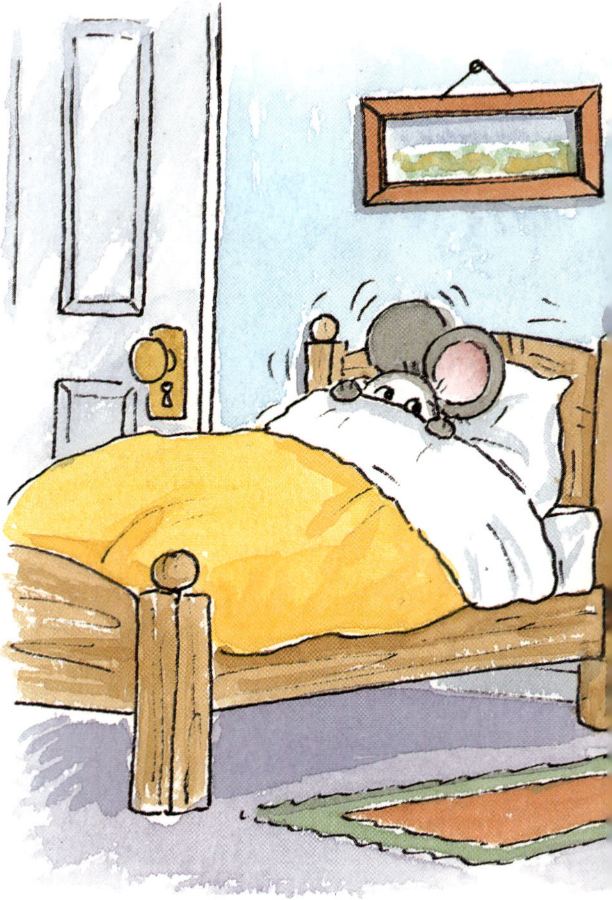

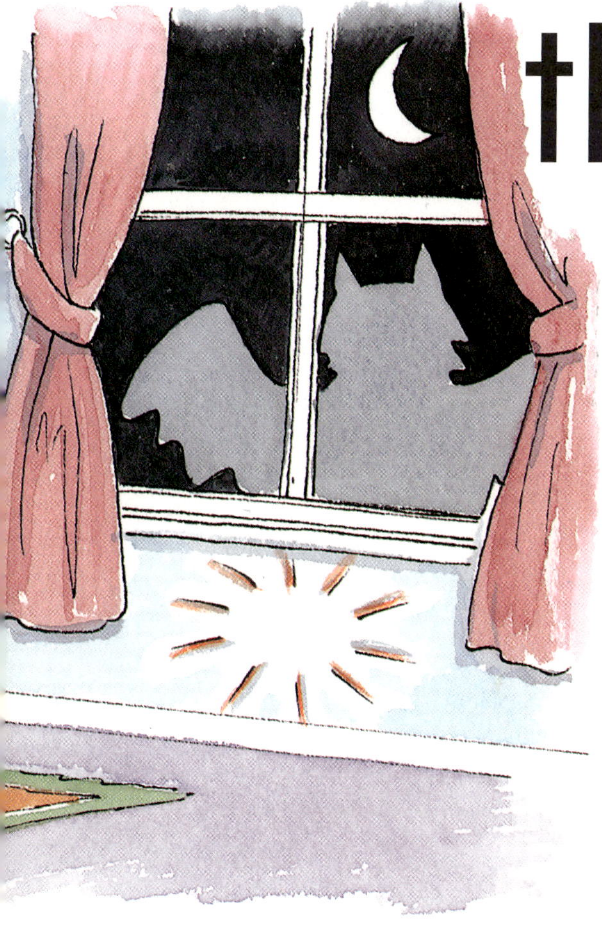

th

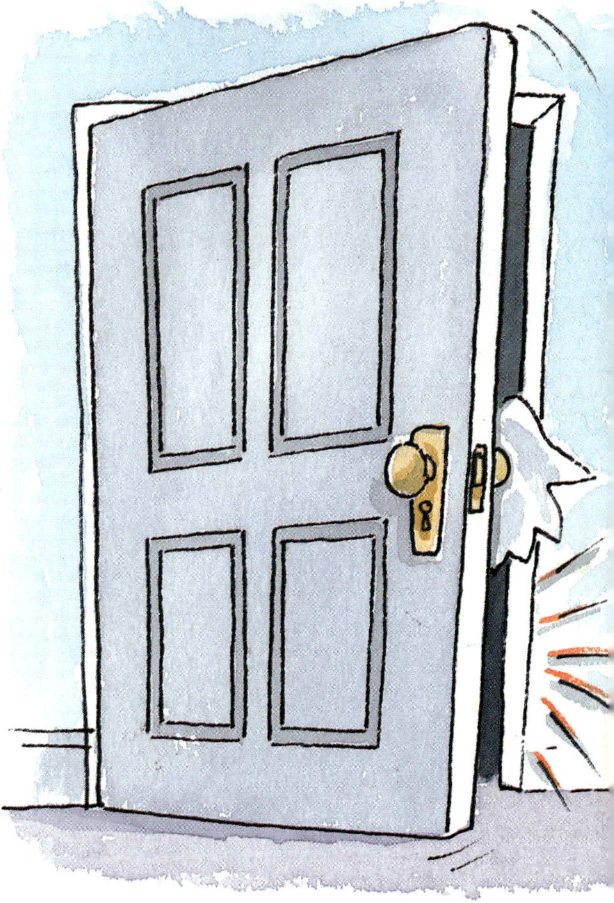

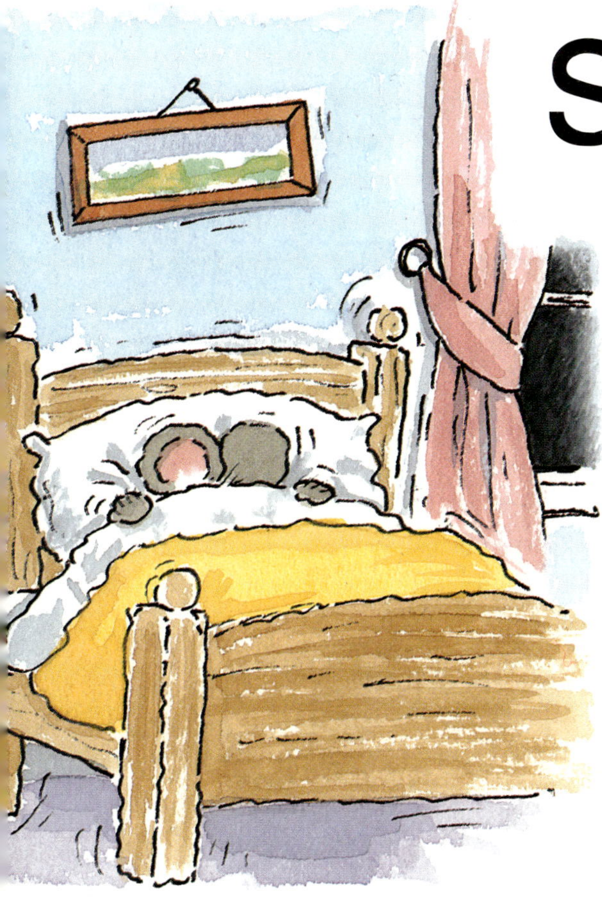

sl

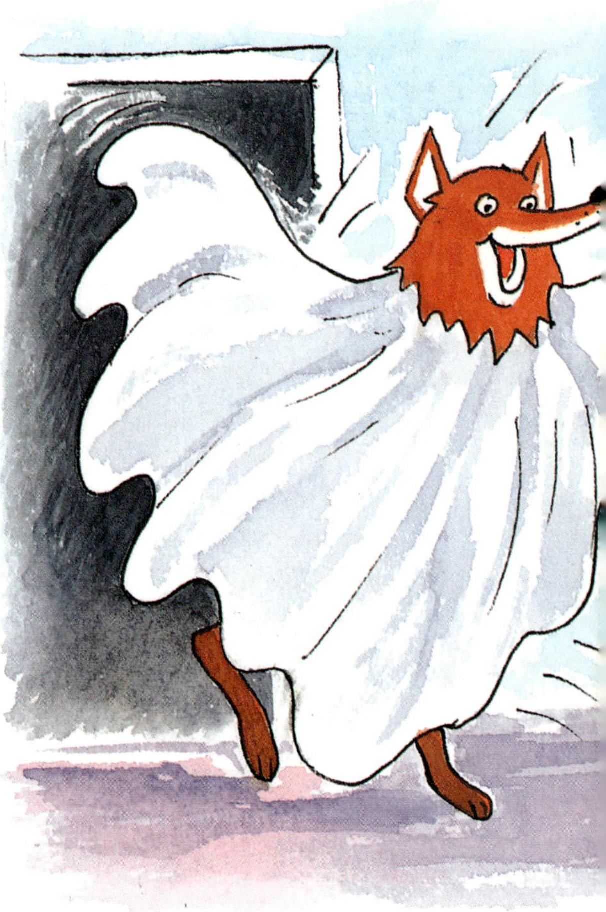

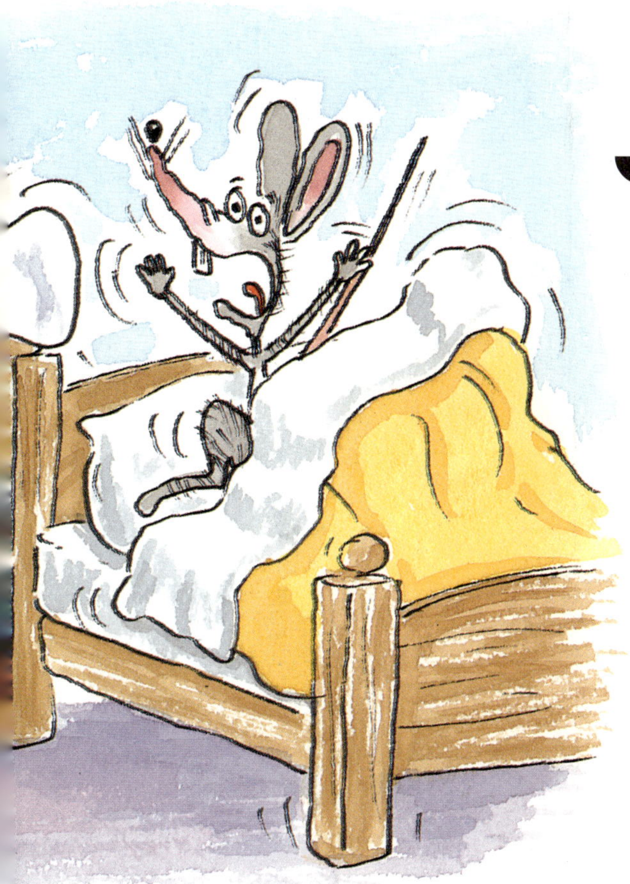

# jump

# bump

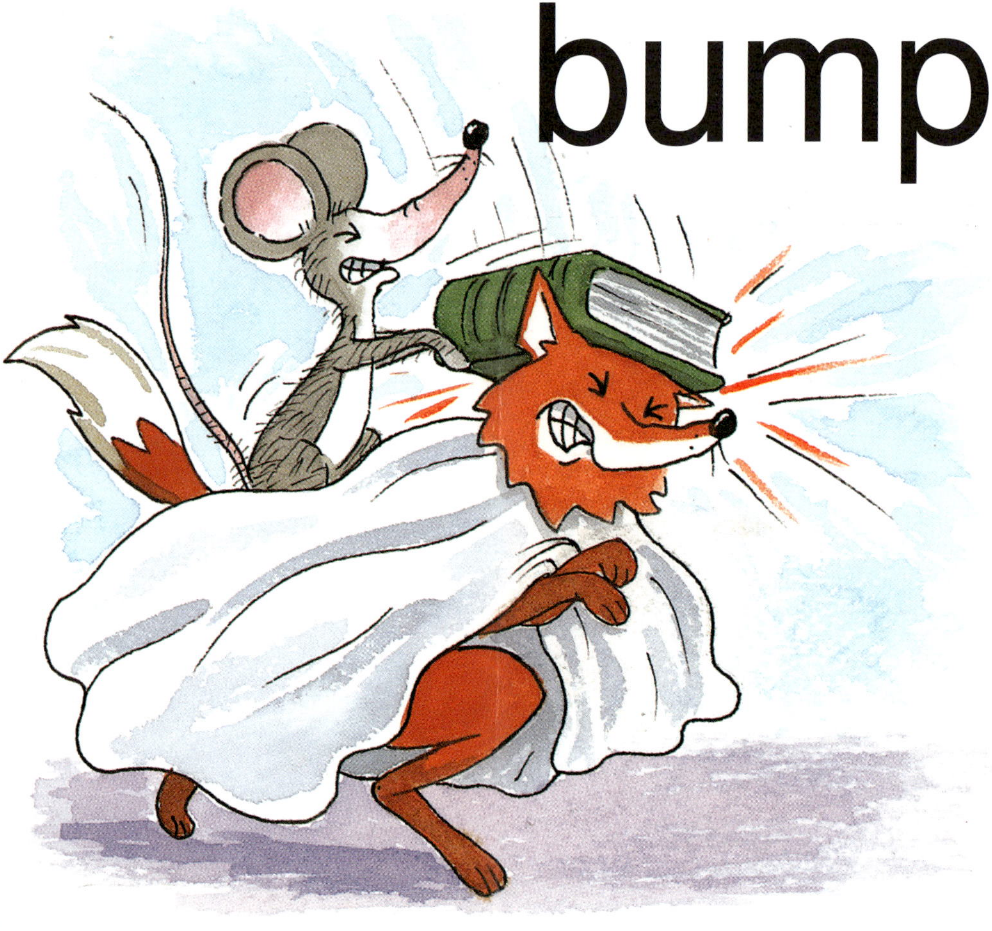